Carl Czerny

Etüden

Studies · Études

Opus 751

Klavier vierhändig
Piano Duet / Piano à quatre mains

Herausgegeben von
Edited by · Edité par
Diane Andersen

ED 9031
ISMN M-001-12669-4

SCHOTT

Mainz · London · Madrid · New York · Paris · Tokyo · Toronto

Vorwort

Carl Czerny, geboren am 21. Februar 1791 in Wien, gestorben ebendort am 15. Juli 1857, war nicht nur einer der bedeutendsten Pädagogen des 19. Jahrhunderts, sondern auch ein angesehener Musiker und Komponist. Nicht weniger als 861 Werke Czernys sind erschienen, die Gesamtzahl seiner Manuskripte umfaßt sogar mehr als 2000 Stücke, wobei die Transkriptionen und Bearbeitungen nicht mitgezählt sind. Sein Opus 1 *Variations Concertantes* für Violine und Klavier über ein Thema von Krumpholz entstand im Jahre 1806; Czerny war damals 15 Jahre alt. Die erste Komposition für Klavier, das *Rondeau brillante sur une Cavatine de Carafa* (Opus 2) für Klavier zu vier Händen, erschien 1818 bei Diabelli in Wien, war aber schon einige Jahre zuvor auf Anfrage eines Schülers komponiert worden. In seiner Autobiographie *Erinnerungen aus meinem Leben* berichtet Czerny, daß er, als er einige Jahre nach der Entstehung dieses Rondo mit einem seiner Schüler, Jozsef von Szalay, gespielt habe, selbst darüber erstaunt gewesen sei, daß ihm bis dahin nie dagewesene Effekte bei der Komposition von Stücken für Klavier zu vier Händen gelungen seien.
Die Bedeutung, die Czerny dem Duospiel zumaß, läßt sich an der Quantität und Qualität seiner Kompositionen für diese Besetzung ablesen: Etwa 100 vierhändige Stücke wurden zu seiner Zeit herausgegeben. Heute indessen sind diese Stücke fast alle vergriffen.
Carl Czerny spielte selbst oft vierhändig. Es ist bekannt, daß Chopin bei einem seiner ersten Besuche in Wien im Sommer 1829 Czerny aufsuchte und mit ihm häufig zusammen spielte. Eine andere berühmte Partnerin Czernys war die Königin Victoria von England. Czerny spielte mit ihr im Jahre 1837 und widmete ihr 1839 seine *Vollständige theoretisch-praktische Pianoforte-Schule* (op. 500), den *Marche pour le Jour de Naissance de S.M. la Reine Victoria* (op. 513), die *Hommage à la Reine Victoria, Fantaisie brillante* (op. 545), die *Quadrille pour les Noces de S.M. la Reine Victoria* (op. 595) und den *Marche Solennelle* (op. 594). Merkwürdigerweise ist keines dieser Stücke für Klavier zu vier Händen geschrieben.
Die vorliegende Neuausgabe der Etüden für Klavier zu vier Händen op. 751 ist von besonderer Bedeutung. Sie erlaubt nämlich dem Lehrer und dem Schüler, die Etüden in kurzer Zeit unter allen Aspekten der instrumentalen und musikalischen Ausbildung mit großer Genauigkeit anzugehen; außerdem soll das Zusammenspiel vorbereitet werden, das den Unterricht bereichert und vertieft.

Die Übungen sind alle sehr kurz, was auch ihre große pädagogische Bedeutung ausmacht. Sie haben einen 4- bis 8-taktigen Aufbau und sind in drei Teile unterteilt:
- Die Dur-Tonarten, geordnet im Quintenzirkel abwärts (1-20)
- Die Moll-Tonarten, geordnet im Quintenzirkel aufwärts (21-35)
- Übungsstücke zu den Tonleitern (36-50)

Es ist ratsam, die Übungen auswendig spielen zu lassen.

Das Werk erschien als Band 5 der Serie „Der perfekte Pianist", unter dem Titel *Ensemble-Übungen, Etüden für Klavier zu vier Händen von C. Czerny, op. 751* im Verlag Maurice Schlesinger (M.S. 4033) in Paris, Rue Richelieu, 97.
Phrasierungen, Fingersätze und Dynamik wurden aus dem Erstdruck übernommen. Der Bibliotheks-Eingangsstempel auf der hier verwendeten Vorlage (sie wird in der Bibliothek des „Conservatoire Royal de Musique" in Brüssel aufbewahrt) zeigt das Jahr 1854, d.h. drei Jahre vor Czernys Tod. Dies läßt vermuten, daß die Fingersätze und Phrasierungen von Czerny selbst stammen. Seine peinliche Genauigkeit in Bezug auf die Verwendung der jeweils passenden Fingersätze für eine Passage in ihrem musikalischen Kontext ist hinreichend bekannt. Es war sein Anliegen, den Schüler dazu zu zwingen, jedweden Fingersatz sorgfältig zu erlernen und zu realisieren. Czernys *Grand Exercice de la Gamme Chromatique avec toutes les différentes manières de doigter* (op. 244) macht dies ebenfalls deutlich. Außerdem war er von Beethoven mit Carl Philipp Emmanuel Bachs *Versuch über die wahre Art das Klavier zu spielen* (1753) erzogen worden; C. Ph. E. Bach vergaß nicht, für jede Tonleiter mehrere Fingersätze zu notieren!

Anmerkungen zu den einzelnen Übungen

1. Teil

Die Übungen Nr. 1 – 20 haben folgende Charakteristika:

1) Jede Tonart wird in einem gemäßigten und einem lebhaften Satz behandelt, die beiden können miteinander verbunden sein. Bei den Tonarten E-Dur, A-Dur, D-Dur und G-Dur, die als einfachere Tonarten gelten, gibt es nur einen schnellen Satz mit einem etwas stärker ausgearbeiteten Notentext.
2) Im Primo Part spielen beide Hände immer unisono
3) Vermischung der Fingersätze von traditionellen Tonleitern mit ungewohnten Fingersätzen
4) Vermischung unterschiedlicher Rhythmen
5) Vermischung unterschiedlicher Anschlagarten (*Staccato, Legato, Jeu brillant*)
6) Unterschiedliche Phrasierungen der Hände
7) Wechselnde rhythmische Betonungen, damit die Finger gleichmäßig und gestärkt werden
8) Der Secondo Part kann auch vom Schüler gespielt werden

2. Teil

Die Übungen Nr. 21 - 32, bei denen der Rhythmus und eine Anzahl von Takten identisch sind und beide Hände immer unisono spielen, bieten interessantes Material für die Arbeit an den drei Molltonarten (natürlich, harmonisch und melodisch).

Nr. 33: chromatische Tonleitern; andere Fingersätze benutzen, z.B.:
rechte Hand: 1/3, 1/3, 1/2/3, 1/3, 1/2/3, usw.
linke Hand : 1/3, 1/3, 1/3/2, 1/3, 1/3/2, usw.
Nr. 34 und 35: in alle Tonarten transponieren

3. Teil

Nr. 36: Abwechslung von Tonleitern in beiden Händen
Nr. 37: schnelles Anschließen von Intervallschritten und -sprüngen; sehr gut zur Verbesserung der Reflexe
Nr. 38: Versetzen in andere Oktavräume
Nr. 39: Vermischung von chromatischen und diatonischen Tonleitern
Nr. 40: große rhythmische Genauigkeit und Flexibilität des Handgelenkes
Nr. 41: schnelles und genaues Trillern mit allen Fingern
Nr. 42: Tonleitern im Abstand von Terzen, Sexten und Dezimen
Nr. 44: schnelles Abwechseln der Hände
Nr. 45 und 47: rhythmisch ausgeschriebene Triller und Doppeltriller (Nr. 47); mit anderen Fingersätzen üben
Nr. 48: brillante Tonleitern mit direktem Anschlag des Daumens und des 5. Fingers, Flexibilität des Handgelenkes
Nr. 49: Unabhängigkeit des Daumens und des 5. Fingers
Nr. 50: Flexibilität des Handgelenkes bei Terzen

Die drei letzten Übungen können im gleichen Tempo hintereinander gespielt werden.

Diane Andersen
Professeur au Conservatoire Royal de Musique de Bruxelles
Deutsche Übersetzung: Uta Heipp

Preface

Carl Czerny – born 21 February 1791 in Vienna, where he died on 15 July 1857 – was not only one of the most important figures in musical education in the 19th century but also a respected musician and composer. No fewer than 861 works by Czerny were published, and the total number of his manuscripts even runs to more than 2,000 items, not including transcriptions and arrangements. His Opus 1, the *Variations Concertantes* for Violin and Piano on a theme by Krumpholz, was composed in 1806, when Czerny was 15 years old. His first composition for piano, the *Rondeau brillante sur une Cavatine de Carafa* (Op. 2) for piano duet was published by Diabelli in Vienna in 1818, but had been composed a few years earlier at the request of a pupil. In his autobiography *Erinnerungen aus meinem Leben* [Memories from my Life] Czerny records that when he played this Rondo with one of his pupils, Joszef von Szalay, a few years after he had composed it, he was himself surprised to see that he had achieved effects that had hitherto never been known in music written for piano duet.
The importance which Czerny attached to duet playing can be gauged from the quantity and quality of his compositions in this genre: about 100 pieces for piano duet were published in his lifetime. However almost all of these pieces are now out of print.
Carl Czerny himself often played piano duets. Chopin is known to have called on Czerny during one of his first visits to Vienna in the summer of 1829, and frequently played duets with him. Another of Czerny's famous duet partners was Queen Victoria of England. Czerny played duets with her in 1837, and in 1839 he dedicated his *Vollständige theoretisch-praktische Pianoforte-Schule* [Complete Theoretical and Practical Pianoforte School] (Op. 500) to her along with the *Marche pour le Jour de Naissance de S.M. la Reine Victoria* (Op. 513), the *Hommage à la Reine Victoria, Fantaisie brillante* (Op. 545), the *Quadrille pour les Noces de S.M. la Reine Victoria* (Op. 594) and the *Marche solennelle* (Op. 595). Strangely enough, none of these pieces is written for piano duet.
The present new edition of the Studies for Piano Duet, Op. 751 has a special importance. It allows the teacher and the pupil to approach the Studies from all aspects of instrumental and musical training, and with great precision, in a short period. A further intention is to prepare the pupil for playing with others, by which teaching is enriched and deepened.

The exercises are all very short – this is indeed what gives them their pedagogic importance. They have a 4- to 8-bar structure and are grouped in three parts:
- The major keys, arranged in accordance with the cycle of fifths, descending (1-20)
- The minor keys, arranged in accordance with the cycle of fifths, ascending (21-35)
- Scale exercises (36-50)

It is advisable for the pupil to learn the exercises by heart.

This work was published by Maurice Schlesinger (M.S. 4033), Rue Richelieu, 97, Paris as Volume 5 in the series *Der Perfekte Pianist* [The Perfect Pianist] under the title *Ensemble-Übungen, Etüden für Klavier zu vier Händen von C. Czerny, op. 751* [Ensemble Exercises, Studies for Piano Duet by C. Czerny, Op. 751].
Phrasing, fingering and dynamic markings have been taken over from the first edition. The accession stamp on the copy which was used (preserved in the Library of the Conservatoire Royal de Musique in Brussels) shows the year 1854, i.e. three years before Czerny's death. This suggests that the fingering and phrasing are Czerny's own. His meticulousness with regard to the use of the appropriate fingering in any particular passage within its musical context is well known. His concern was to compel the pupil to learn and execute every fingering with care. This can also be clearly seen in Czerny's *Grand Exercice de la Gamme Chromatique avec toutes les différentes manières de doigter* (Op. 244). Furthermore he had been taught by Beethoven using Carl Philipp Emmanuel Bach's *Versuch über die wahre Art das Klavier zu spielen* [Essay on the True Manner of Playing the Piano] (1753). C. P. E. Bach did not forget to note several fingerings for each scale!

Notes on the individual exercises

Part I

Exercises Nos. 1-20 have the following characteristics:

1) Each key is treated in a moderate and a lively movement; the two can be linked together. For the keys E major, A major, D major and G major, which are considered to be relatively simple keys, there is only one fast movement with a somewhat more elaborate musical text.
2) In the primo part both hands always play in unison.
3) A mixture of traditional scale fingerings and unusual fingerings.
4) A mixture of various rhythms.
5) A mixture of various kinds of touch (*Staccato, Legato, Jeu brillant*).
6) Different phrasing in different hands.
7) Changing rhythmic accents, to strengthen the fingers and enable them to play evenly.
8) The secondo part can also be played by the pupil.

Part 2

Exercises Nos. 21-32, in which the rhythm and a number of bars are identical, with both hands always playing in unison, provide interesting material for work on the three forms of the minor scale (natural, harmonic and melodic).
No. 33: chromatic scales; use other fingerings, e.g.:
right hand: 1/3, 1/3, 1/2/3, 1/3, 1/2/3 etc.
left hand: 1/3, 1/3, 1/3/2, 1/3, 1/3/2 etc.
Nos. 34 and 35: transpose into all keys.

Part 3

No. 36: Alternating scales in two hands.
No. 37: Rapid sequences of interval steps and leaps, very good for improving reflexes.
No. 38: Transposing to other octaves.
No. 39: Mixture of chromatic and diatonic scales.
No. 40: Great rhythmic precision and flexibility of the wrist.
No. 41: Rapid and precise trills using all fingers.
No. 42: Scales at intervals of thirds, sixths and tenths.
No. 44: Rapid alternation of the hands.
Nos. 45and 47: Rhythmically written out trills and double trills (No. 47); practise with other fingerings.
No. 48: Brilliant scales with direct attack for thumb and fifth finger, flexibility of the wrist.
No. 49: Independence of the thumb and fifth finger.
No. 50: Flexibility of the wrist in thirds.
The last three exercises can be played one after the other at the same speed.

Diane Andersen
Professor at the Brussels Conservatoire Royal de Musique
Translation David Jenkinson

Préface

Carl Czerny, né à Vienne 21 février 1791, mort dans cette même ville le 15 juillet 1857, fut non seulement un des plus remarquables pédagogues du 19ème siècle, mais aussi un musicien et compositeur de grande renommée. Si son œuvre éditée comporte pas moins de 861 opus, l'ensemble de l'œuvre manuscrite comprend plus de 2000 pièces, sans compter les transcriptions et les arrangements. Son opus 1 *Variations Concertantes pour violon et piano* sur un thème de Krumpholz, fut écrit en 1806. Czerny avait 15 ans. Toutefois sa première composition pour piano, éditée en 1818 chez Diabelli à Vienne mais composée quelques années auparavant à la demande d'une élève, est un "Rondo" pour quatre mains portant le numéro d'opus "2" et le titre *Rondeau brillante sur une Cavatine de Carafa*. Dans son autobiographie *Souvenirs de ma vie*, Czerny, parlant d'une exécution qu'il fit de ce *Rondeau* quelques années après sa composition avec un de ses élèves, Jozsef von Szalay, se dit lui-même étonné d'avoir pu réussir des effets inédits jusqu'alors dans l'écriture des pièces pour quatre mains.
L'importance que Czerny attachait au jeu en duo se retrouve dans la quantité et la qualité de ses compositions pour cet ensemble. Une centaine de ces pièces seulement ont été éditées à l'époque. Toutefois à l'heure actuelle, ces éditions sont quasi épuisées.
Carl Czerny pratiquait lui-même souvent les quatre mains. Il est connu qu'une des premières visites que Chopin fit, lorsqu'il arriva à Vienne l'été 1829, fut d'aller voir Czerny, avec lequel il jouait fréquemment. Une autre partenaire illustre de Czerny fut la Reine Victoria d'Angleterre. Czerny joua en duo avec elle en 1837. Il lui dédia en 1839 son *Ecole complète et pratique du Pianoforte* op. 500, ses op. 513 "*Marche pour le Jour de Naissance de S.M. la Reine Victoria*", 545 "*Hommage à la Reine Victoria*", "*Fantaisie Brillante*", 549 "*Quadrille pour les Noces de S.M. la Reine Victoria*" et 595 "*Marche Solonnelle*". Curieusement aucune de ces œuvres est écrite pour quatre mains.
La réédition de ce cahier d'exercices pour piano à quatre mains op. 751 est d'une rare importance. En effet, ils permettent au professeur et au jeune pianiste d'aborder en peu de temps l'étude de tous les aspects de la formation instrumentale et musicale avec rigueur et efficacité et aussi le préparer au jeu d'ensemble, discipline enrichissante et formative s'il en est.

Les "Exercices", tous très brefs, ce qui en fait aussi leur grand intérêt pédagogique, sont construits sur un schéma de 4 et 8 mesures. Ils sont groupés en trois parties:
Les tons majeurs, classés par quintes descendantes (de 1 à 20),
Les tons mineurs, classés par quintes ascendantes (de 21 à 35),
Morceaux d'Études sur les Gammes (36 à 50).
Il est conseillé de faire le travail de ces exercices de mémoire.

Cette œuvre, 5ème volume de la série "Le Parfait Pianiste" paru sous le titre "Exercice d'Ensemble", Études pour le Piano à quatre mains par Ch. Czerny, op. 751 aux éditions (M.S. 4033) Maurice Schlesinger à Paris, Rue Richelieu, 97.
Les phrasés, doigtés, nuances indiqués sont ceux de l'édition Schlesinger. Le cachet apposé sur l'exemplaire consulté, appartenant à la bibliothèque du Conservatoire Royal de Musique de Bruxelles, porte comme date de dépôt l'année 1854, trois ans avant la mort de Czerny. Ceci nous amène tout naturellement à penser que ces indications doivent être de Czerny lui-même.
Nous connaissons par ailleurs sa méticulosité quant à l'utilisation de doigtés appropriés à chaque passage dans son contexte musical. Nous retrouvons ce soucis d'obliger l'élève à concevoir et réaliser n'importe quelle combinaison de doigtés. Son opus 244 *Grand Exercice de la Gamme Chromatique avec toutes les différentes manières de doigter* nous éclaire également à ce sujet. D'ailleurs, n'avait-il pas été élevé par Beethoven à la source de "La vraie manière de jouer des instruments à Claviers" (*Versuch über die wahre Art das Klavier zu spielen*, 1753) de Carl-Philipp Emmanuel Bach, qui ne manqua pas d'y noter plusieurs manières de doigter chaque gamme!

Notes sur les exercices individuels

Première partie:

Les exercices ont les caractéristiques suivantes:

1.) chaque tonalité est traitée en un mouvement modéré et un mouvement vif, les deux pouvant être enchaînés. Les tonalités de mi, la, ré et sol majeur, considérées comme plus faciles, ne comportent qu'un seul mouvement rapide sur un texte un peu plus élaboré.
2.) les deux mains dans la prima parte sont toujours à l'unisson,
3.) mélange de doigtés de gamme traditionnels avec des doigtés inhabituels,
4.) rythmes en mélange
5.) touchés en mélange (*staccato, legato, jeu brillant*)
6.) phrasés différents à chaque main
7.) appuis rythmiques changeants pour l'égalisation et le renforcement des doigts
8.) la parte seconda peut être également tenue par un élève

Deuxième partie:

Sur une rythmique et un nombre de mesures identiques, les deux mains toujours à l'unisson. Chaque exercice, du numéro 21 à 32, offre un intéressant travail sur les trois types mineurs, naturel, harmonique et mélodique.
N° 33: gammes chromatiques. Utiliser aussi d'autres combinasisons de doigtés, par exemple:
Main droite: 1/3, 1/3, 1/2/3, 1/3, 1/2/3, etc.
Main gauche: 1/3, 1/3, 1/3/2, 1/3, 1/3/2, etc.
N° 34 et 35: à transposer dans tous les tons.

Troisième partie:

N° 36: alternance de gammes aux deux mains
N° 37: enchaînements rapides d'intervalles conjoints et disjoints. Excellent pour l'amélioration des réflexes
N° 38: travail des déplacements
N° 39: gammes chromatiques et diatoniques en mélange
N° 40: rigueur rythmique et souplesse du poignet
N° 41: trille rapide et mesuré avec tous les doigts
N° 42: gammes aux deux mains à distances de tierces, sixtes et dixièmes
N° 44: alternance rapide des mains
N° 45 et 47: trilles mesurés en notes simples et doubles. Travailler avec d'autres combinaisons de doigtés
N° 48: gammes brillantes avec attaque directe du pouce et du cinquième et souplesse du poignet
N° 49: indépendance du pouce et du cinquième
N° 50: souplesse du poignet dans les tierces
Les trois derniers exercices peuvent être enchaînés dans le même tempo.

Diane Andersen
Professeur au Conservatoire Royal de Musique de Bruxelles

Teil 1 / Part 1 / 1re Partie

Die Dur-Tonarten • Major Keys • Les tons majeurs

Carl Czerny
1791 - 1857
Op. 751

Allegro moderato

1

2

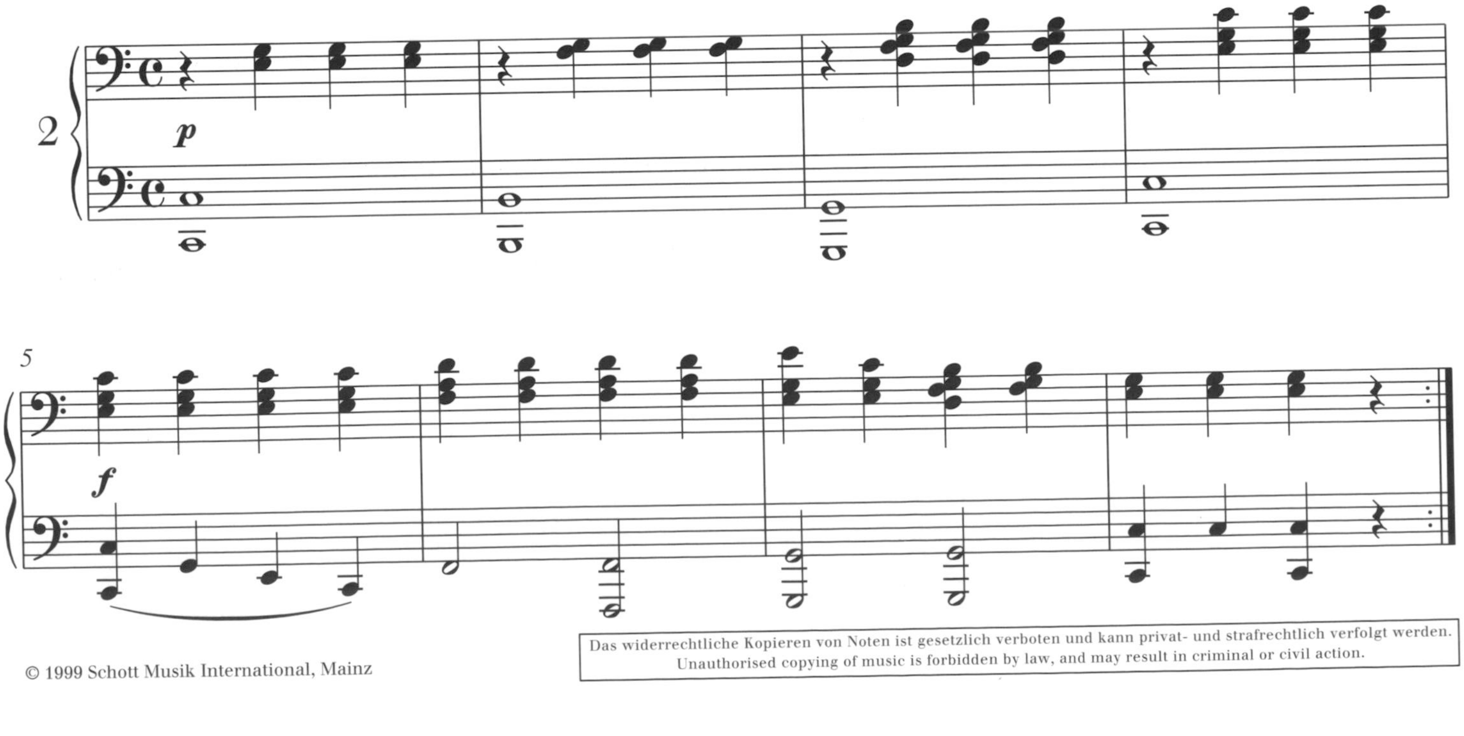

Teil 1 / Part 1 / 1re Partie

Die Dur-Tonarten • Major Keys • Les tons majeurs

Carl Czerny
1791 - 1857
Op. 751

3

Moderato

cresc.

Moderato
3
cresc.
dim.
cresc.
dim.

Allegro
4
f
5

Moderato
5
p
5

Allegro
4
f

Moderato
5
p

6

Allegro

7

Moderato

8

Allegro
6
f
Moderato
7
p
8
f

Moderato

9

Allegro

10

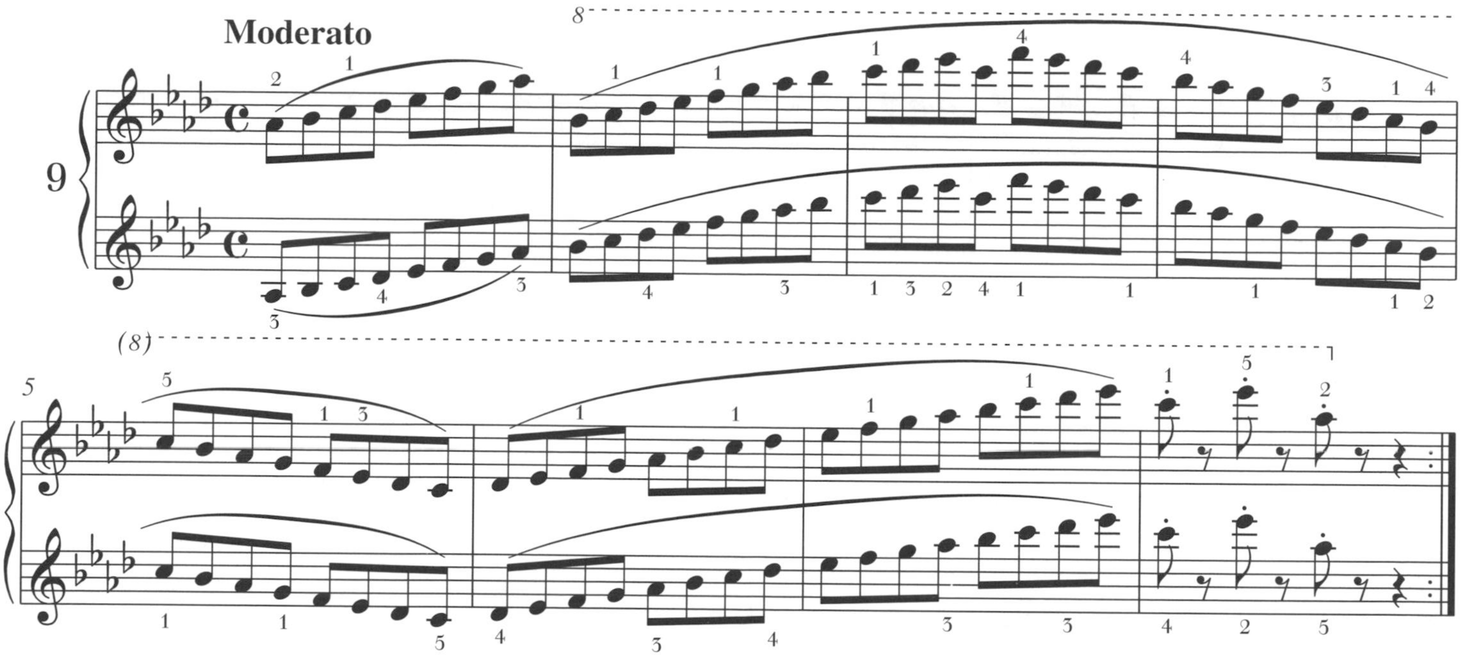
Moderato
9

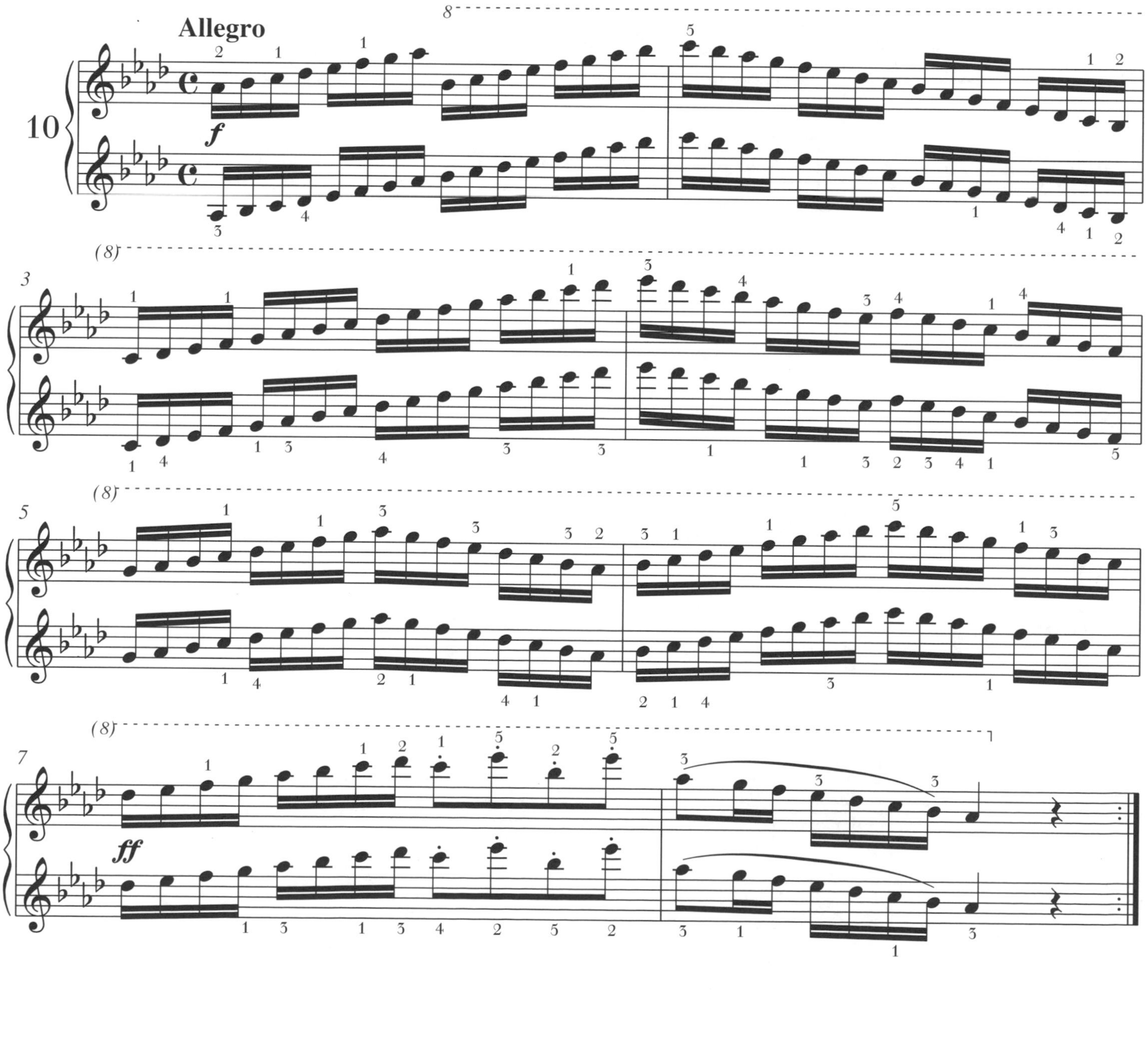
Allegro
10
f
ff

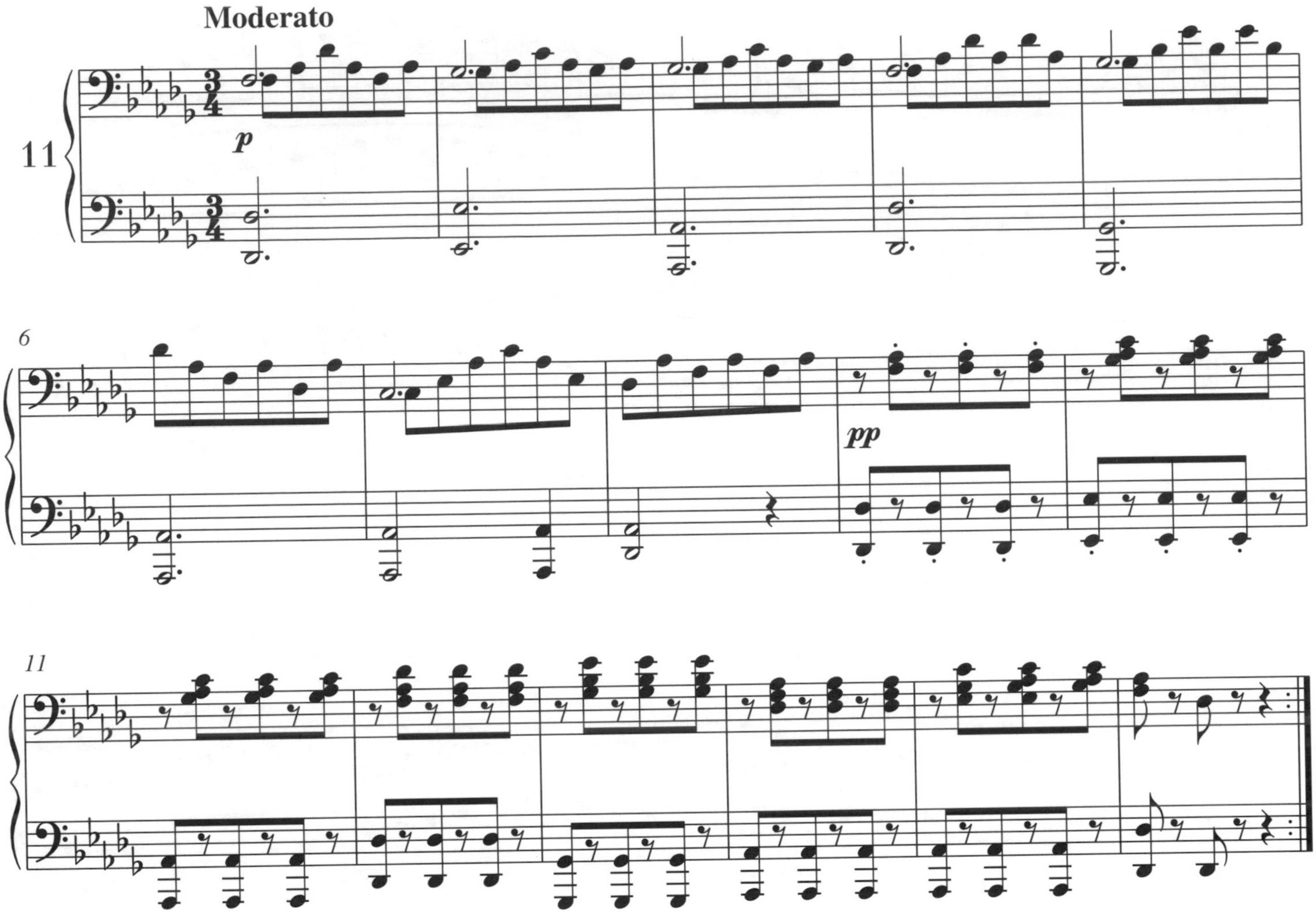
Moderato
11
p
6
pp
11

Allegro
12
f
5

Moderato

Allegro

Moderato
13
p

Allegro
14
f

Moderato
15
p
5

Moderato
13
p
Allegro
14
f
Moderato
15
p legato
staccato

16

17

18

Allegro
16
Allegro
17
Allegro
18

19
f
5

Allegro
20
p
5
f

19

20

Allegro

Teil 2 / Part 2 /2de Partie

Die Moll-Tonarten • Minor Keys • Les tons mineurs

Jede Wiederholung 6- bis 10-mal . Eachrepeat 6 - 10 times . Chaque répétition 6 à 10 fois de suite

21

22

23

Teil 2 / Part 2 / 2de Partie

Die Moll-Tonarten • Minor Keys • Les tons mineurs

Jede Wiederholung 6- bis 10-mal . Eachrepeat 6 - 10 times . Chaque répétition 6 à 10 fois de suite

21

22

23

24

Allegro

25

Allegro

26

Allegro

Allegro

27 

28 

29 

27

28

29

30

31

32

30
31
32

Allegro
33
f
5

Allegro
34
p
5
cresc.
9
f

Allegro
33

Allegro
34

Allegro
35
p
5
cresc.
9
f

Allegro
35
f

Teil 3 / Part 3 /3me Partie

Übungsstücke zu den Tonleitern • Scales • Morceaux d'Etude sur les gammes

Teil 3 / Part 3 /3me Partie

Übungsstücke zu den Tonleitern • Scales • Morceaux d'Etude sur les gammes

Allegretto vivace

37

Allegretto

38

Allegro vivace

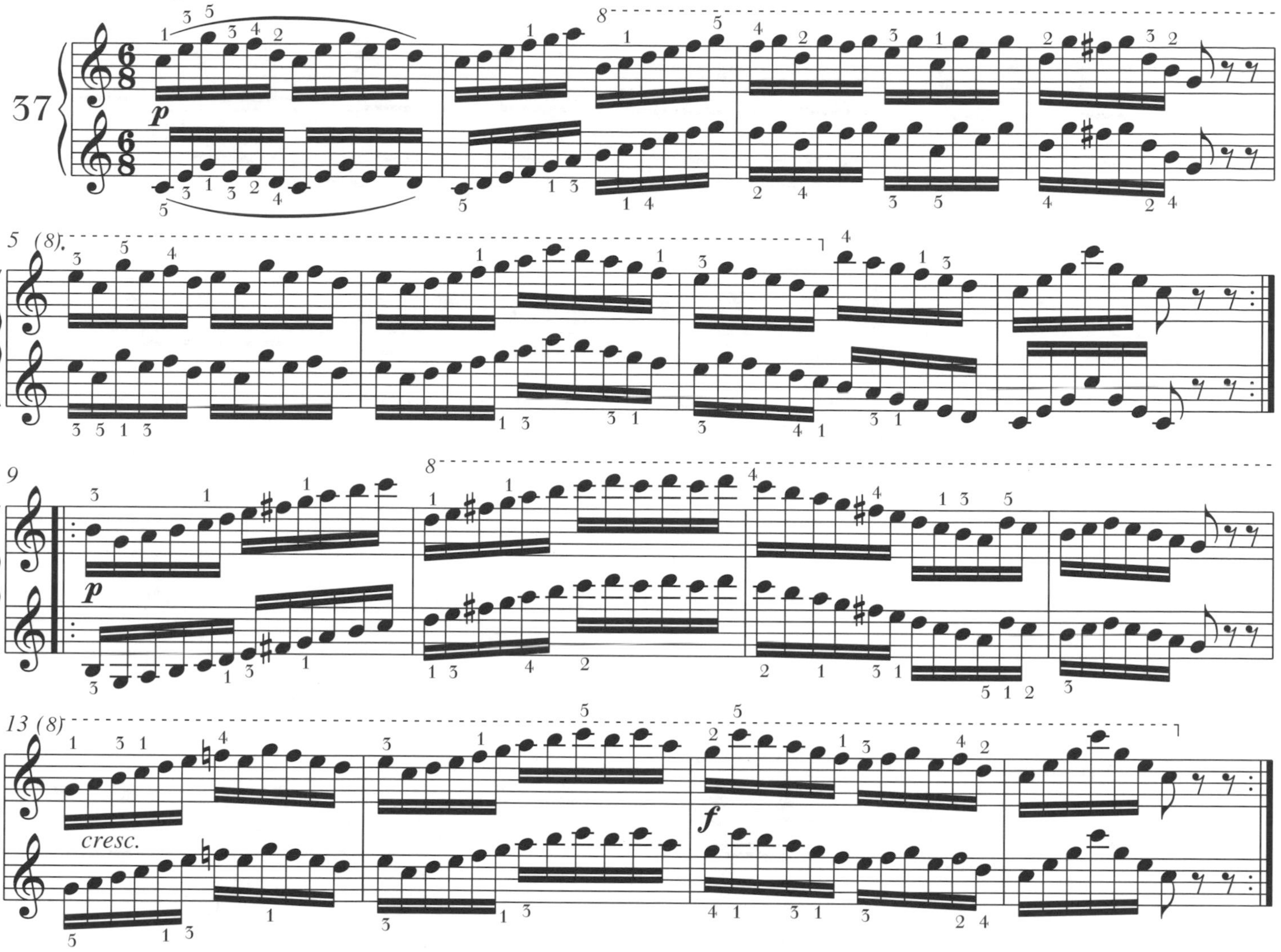

Allegretto

Allegretto

39

cresc.
f
Allegretto
39
p leggieramente
cresc.
p

Allegro giocoso

40

cresc.
Allegro giocoso
40
dolce

Allegretto vivace

41

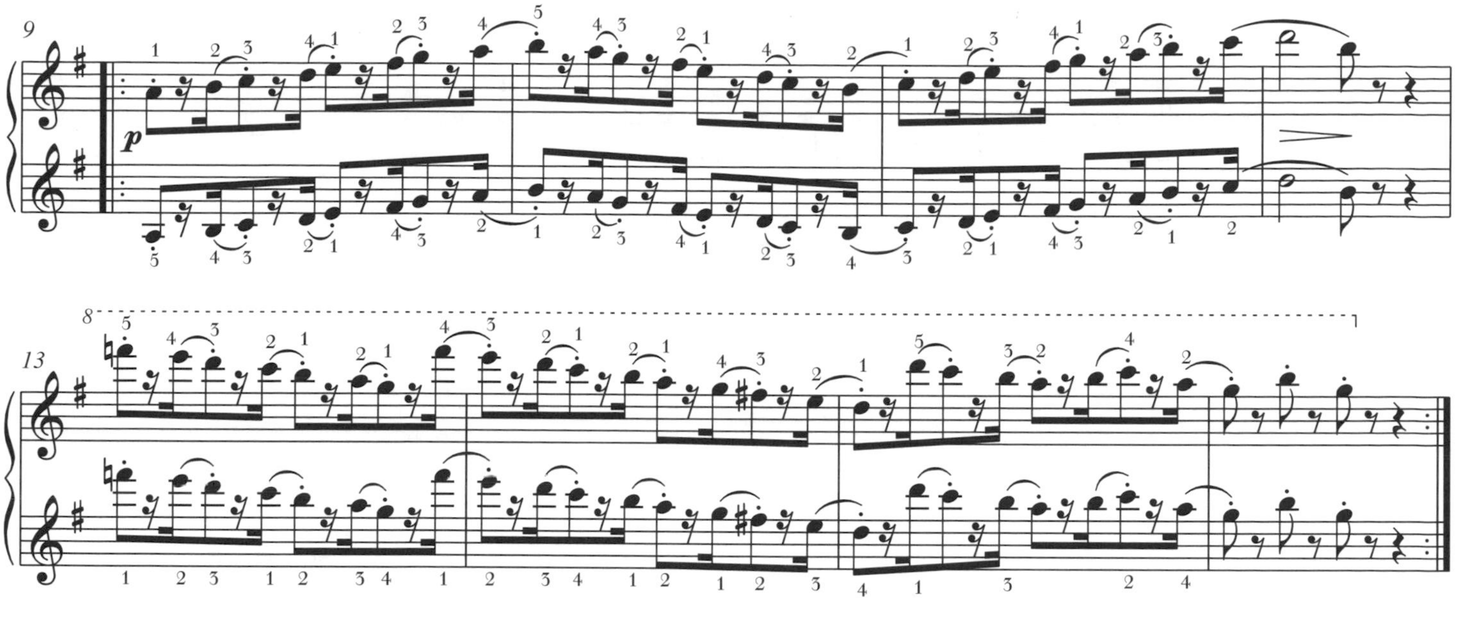

Allegretto vivace

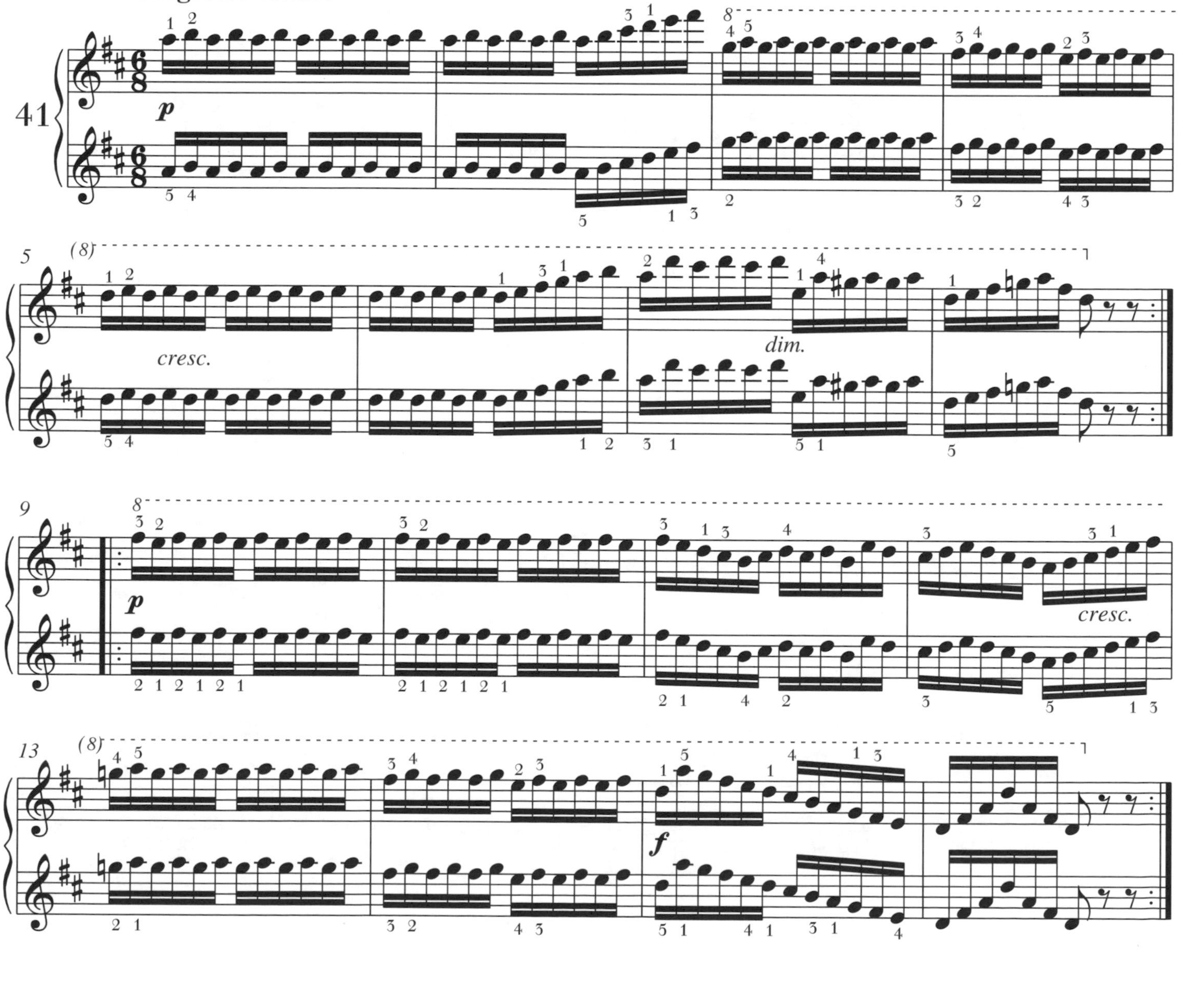

Allegretto vivace

42

Allegro

43

Allegretto vivace
42
cresc.

Allegro
43

Allegro
44
p
5
cresc.
f

Allegro
45
f
5

Moderato
46
p

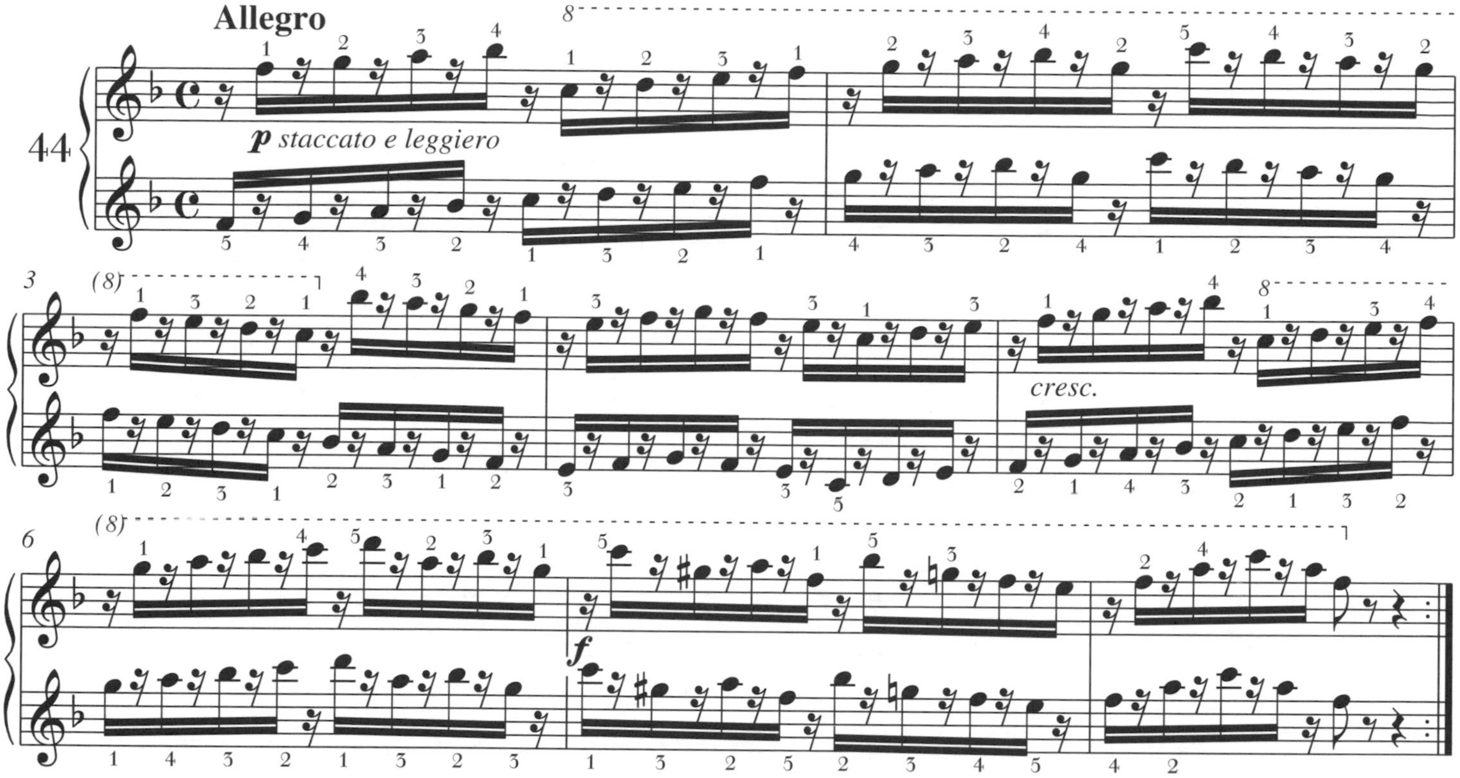
Allegro
44
p staccato e leggiero
cresc.
f

Allegro
45
f

Moderato
46
p

Moderato

47

Allegro

48

Moderato

47

Allegro

48

Allegro
49
f
5

Allegro
50
f
4
ff

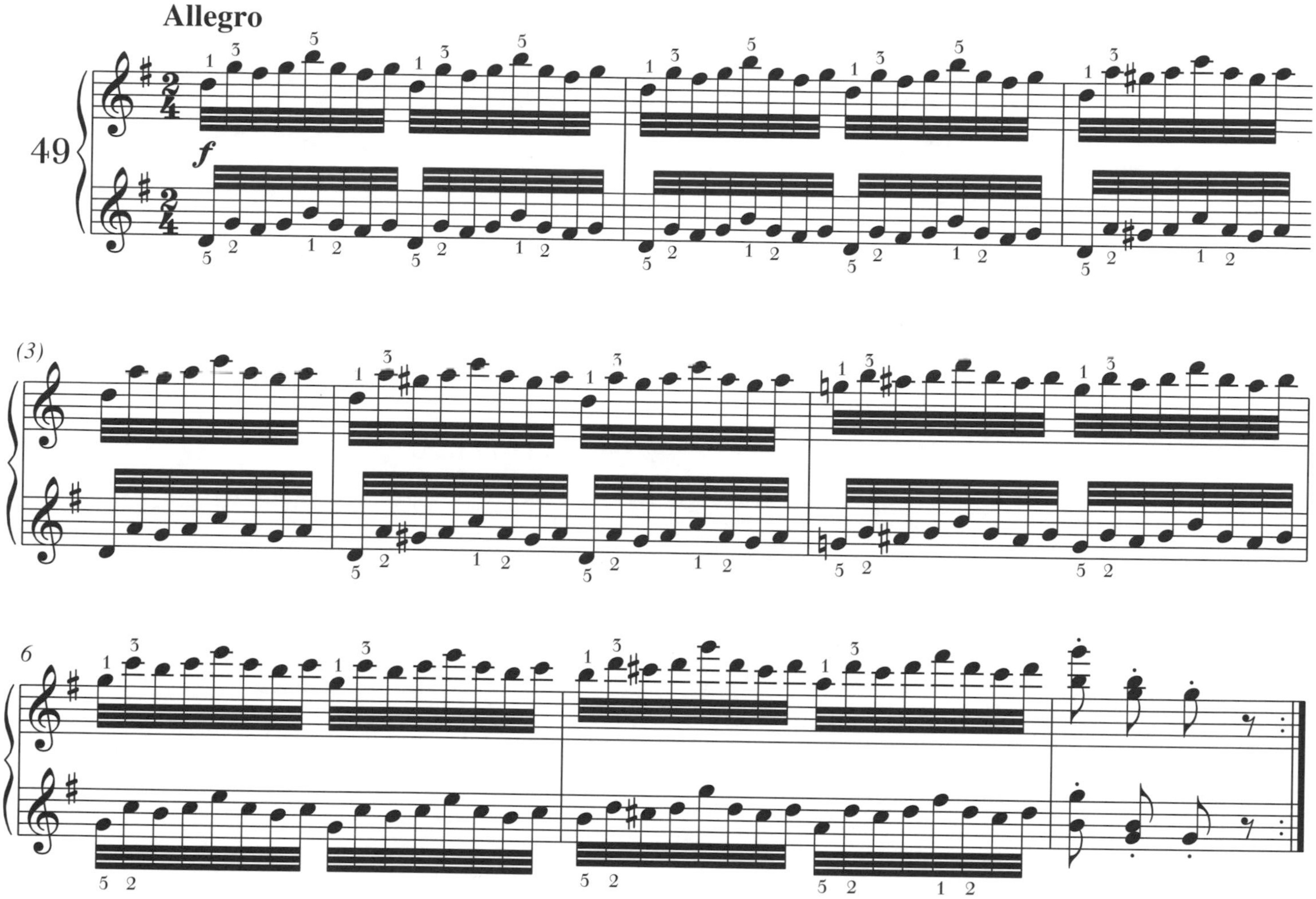
Allegro
49
f
(3)
6

Allegro
50
f
(3)
ff